Question de la Femme

PAR

Paul LAFARGUE

PARIS
Edition de « L'Œuvre Nouvelle »
52, Rue Gay-Lussac, 52

—

EN VENTE
à la
Bibliothèque du Parti Socialiste de France
16, Rue de la Corderie, 16

1904

La Question de la Femme

PAR

Paul LAFARGUE

PARIS
Édition de « L'Œuvre Nouvelle »
52, Rue Gay-Lussac, 52

EN VENTE
à la
Bibliothèque du Parti Socialiste de France
16, Rue de la Corderie, 16

1904

La question de la Femme

I

Le Bourgeois a pensé et pense encore que la femme doit rester à la maison et consacrer son activité à surveiller et diriger le ménage, à soigner le mari, à fabriquer et nourrir les enfants. Déjà Xenophon, alors que la Bourgeoisie naissait et prenait corps dans la société antique, à tracé les grandes lignes de son idéal de la femme. Mais si pendant des siècles, cet idéal a pu paraître raisonnable, parce qu'il correspondait à des conditions économiques florissantes, il n'est plus qu'une survivance idéologique, depuis que celles-ci ont cessé d'exister.

La domestication de la femme présuppose qu'elle remplit dans le ménage des fonctions multiples, absorbant toute son énergie ; or, les plus importants et les plus assujetissants de ces travaux domestiques, — filage de la laine et du lin, tricotage, taille et confection des vêtements, blanchissage, panification etc., — sont aujourd'hui exécutés par l'industrie capitaliste. Elle présuppose également que l'homme par son apport dotal et ses gains pourvoit aux besoins matériels de la famille ; or, dans la Bourgeoisie aisée, le mariage est autant une association de capitaux qu'une union de personnes et souvent l'apport dotal de l'épouse est supérieur à celui de l'époux, (1) et dans la petite Bourgeoisie

---

(1) La dot a joué un rôle décisif dans l'histoire de la femme : au début de la période patriarcale le mari l'achète à son père, qui doit restituer son prix de vente, si pour une cause quelconque il la répudie et la renvoie à sa famille ; puis ce prix d'achat lui

les gains du père de famille sont tombés si bas, que les enfants, — les filles comme les garçons — sont forcés de gagner leurs moyens d'existence dans le

est remis et constitue sa dot, que ses parents prennent l'habitude de doubler. Dès l'instant que l'épouse entre dans la maison du mari avec une dot, elle cesse d'être une esclave qu'il pouvait renvoyer, vendre et tuer. La dot, hypothéquée à Rome et à Athènes sur les biens du mari, devait en cas de répudiation ou de divorce lui être restituée de préférence à toute créance. « On ne jouit pas des richesses qu'une femme apporte dans le ménage, dit un fragment d'Euripide, elles ne servent qu'à rendre le divorce difficile. » Les auteurs comiques raillent les maris, qui sous le coup d'une action dotale, tombent dans la dépendance de l'épouse. Un personnage de Plaute dit à un mari qui récrimine contre sa femme : « Tu as accepté l'argent de la dot, tu as vendu ton autorité, — *imperium*. » Les riches matrones romaines poussaient l'insolence, jusqu'à ne pas confier la gestion de leur dot au mari, elles la donnaient à des intendants, qui parfois remplissaient auprès d'elles un autre emploi, dit Martial, cette mauvaise langue.

L'adultère de la femme entraînait de droit le divorce et la restitution de la dot, mais plutôt que d'arriver à cette douloureuse extrémité, les maris préféraient fermer les yeux sur les fredaines de leurs épouses : la loi dut à Rome et à Athènes les frapper pour les rappeler à la dignité maritale ; en Chine on leur applique un certain nombre de coups de bambou sur la plante des pieds. Les pénalités ne suffisant pas pour encourager les romains à répudier leurs femmes adultères, la loi, afin de relever la vertu masculine, permit à ceux qui dénonçaient l'infidélité de leur femme de retenir une partie de la dot : il y eut alors des hommes qui ne se mariaient qu'en prévision de l'adultère de leur épouse. Les dames romaines tournèrent la loi, en se faisant inscrire chez le censeur sur la liste des prostituées, à qui elle ne s'appliquait pas. Le nombre des matrones inscrites devint si considérable, que le Sénat, sous Tibère, rendit un décret interdisant « aux dames qui avaient un chevalier pour aïeul, père ou mari, de faire trafic de leur corps. » (TACITE-*Annales*, II, 85). L'adultère féminin dans la société patricienne de l'antiquité, ainsi que dans la société aristocratique du XVIIIe siècle, s'était tellement généralisé qu'il était pour ainsi dire entré dans les mœurs : on l'envisageait plaisamment comme un correctif et un complément du mariage.

commerce, les administrations des chemins de fer, des banques, l'enseignement, les postes, etc., et il arrive fréquemment que la jeune mariée continue à travailler au dehors, afin de compléter les ressources du ménage, dont les appointements du mari n'arrivent pas à couvrir les dépenses.

Les filles et les femmes de la petite bourgeoisie, ainsi que celles de la classe ouvrière, entrent donc en concurrence avec leurs père, frères et mari. Cet antagonisme économique, que la Bourgeoisie avait empêché de se produire par la claustration de la femme dans la demeure familiale, se généralise et s'intensifie à mesure que la production capitaliste se développe ; il envahit le champ des professions libérales —. médecine, barreau, littérature, journalisme, sciences, etc., — dont l'homme s'était réservé le monopole, qu'il s'imaginait devoir être éternel. Les ouvriers, comme toujours, ont été les premiers à tirer les conséquences logiques de la participation de la femme à la production sociale ; ils ont remplacé l'idéal de l'artisan, — la femme exclusivement ménagère, — par un nouvel idéal, — la femme, compagne de leurs luttes économiques et politiques pour le relèvement des salaires et l'émancipation du travail

La Bourgeoisie n'est pas encore parvenue à comprendre, que depuis longtemps son idéal est démodé et qu'elle doit le remodeler pour le faire correspondre aux nouvelles conditions du milieu social ; cependant dès la première moitié du XIXe siècle les dames de la Bourgeoisie commencèrent à protester contre leur infériorisation familiale, d'autant plus intolérable, que l'apport dotal les plaçait sur un pied d'égalité avec le mari : elles s'insurgèrent contre l'esclavage domestique et la vie parcimonieuse à laquelle on les condamnait, ainsi que contre la privation des jouissances intellectuelles et matérielles qu'on leur imposait ; les plus hardies allèrent jusqu'à réclamer l'amour libre et à s'affilier aux sectes socialistes, qui prêchaient l'émancipation de la femme (1). Les philosophes et les moralistes eurent la naïveté de croire qu'ils arrêteraient le mouvement féministe en lui opposant l'intérêt sacré de la famille, qu'ils déclaraient ne pouvoir subsister sans l'assujetissement de la femme aux travaux du ménage, à la pose des boutons de chemise, au raccomodage des chaussettes etc. : elle devait se dévouer à ces obscures et ingrates besognes, pour que l'homme put librement déployer et parader ses brillantes et supérieures facultés ; ces mêmes sages, qui sermonnaient les bourgeoises révoltées sur le culte de la famille, chantaient les louanges de l'industrie capitaliste, qui en arrachant la femme au foyer domestique et au berceau de l'enfant pour lui infliger les travaux forcés de la fabrique, détruit la famille ouvrière.

Les dames bourgoises se moquèrent des prédications aussi imbéciles que morales de ces graves Tartufes ; elles continuèrent leur chemin et arrivèrent au but qu'elles se proposaient ; ainsi que la patricienne de la Rome antique et que l'aristocrate du xviiie siècle, elles se sont débarassées des soucis du ménage et de l'allaitement de l'enfant sur des mercenaires, pour se consacrer tout entières à la toilette, afin d'être les poupées les plus luxueusement parées du monde capitaliste et afin de faire

---

(1) Le manifeste Saint-Simonien de 1830 annonçait que la religion de Saint-Simon venait « mettre fin à ce trafic honteux, à cette prostitution légale, qui sous le nom de mariage consacre fréquemment l'union monstrueuse du dévouement et de l'égoïsme, de la lumière et de l'ignorance, de la jeunesse et de la décrépitude. »

aller le commerce. Les demoiselles et les dames de la ploutocratie américaine ont atteint les dernières limites de cette sorte d'émancipation ; elles métamorphosent leurs père et mari en accumulateur de millions, qu'elles gaspillent follement. La toilette n'épuisant pas toute l'activité des madames du capitalisme, elles s'amusent à cribler de coups de canif le contrat de mariage, afin d'affirmer leur indépendance et de perfectionner la race. *Le Manifeste Communiste* remarque que les innombrables procès en adultère et en séparation de corps et de biens sont d'incontestables témoignages du respect qu'inspirent aux bourgeois des deux sexes les liens sacrés du mariage que les licencieux socialistes parlaient de délier.

Quand les filles et les femmes de la petite bourgeoisie, obligées de gagner leur subsistance et d'accroître les ressources de la famille, commencèrent à envahir les magasins, les administrations, les postes et les professions libérales, les bourgeois furent pris d'inquiétude pour leurs moyens d'existence déjà si réduits ; la concurrence féminine allait les réduire encore. Les Intellectuels qui entreprirent la défense des mâles, crurent prudent de ne pas recommencer les sermons des moralistes, ils avaient trop piteusement échoué, auprés des bourgeoises riches ; — ils firent appel à la science ; ils démontrèrent par raisons irréfutables et supérieurement scientifiques que la femme ne peut sortir des occupations ménagères, sans violer les lois de la nature et de l'histoire. Ils prouvèrent à leur complète satisfaction que la femme est un être inférieur, incapable de recevoir une culture intellectuelle supérieure et de fournir la somme d'attention, d'énergie et d'agilité que réclament les professions dans lesquelles elle entrait en concurrence avec l'homme. Son cerveau moins volumineux, moins lourd et moins complexe que celui de l'homme, est un « cerveau d'enfant » ; ses muscles moins développés n'ont pas de forces d'attaque et de résistance ; les os de son avant-bras, de son bassin, le col de son fémur enfin tout son système osseux, musculaire et nerveux ne lui permettent que le train-train de la maison La nature la désignait par tous ses organes pour être la servante de l'homme, comme le vilain Dieu des juifs et des chrétiens avait marqué par sa malédiction la race de Cham pour l'esclavage.

L'histoire apportait son éclatante confirmation à ces vérités ultra-scientifiques ; les philosophes et et les historiens affirmaient qu'elle enseigne que toujours et partout la femme subordonnée à l'homme avait été enfermée dans la maison, dans le gynécée : si tel avait été son sort dans le passé, telle devait être sa destinée dans l'avenir, déclarait positivement Auguste Comte, le profondissime philosophe bourgeois. Lombroso, le farceur illustre, lui allongea le coup de pied de l'âne : il assura sérieusement que la statistique sociale proclamait l'infériorité de la femme, puisque le nombre des criminels féminins est inférieur à celui des criminels masculins ; pendant qu'il était plongé dans les chiffres, il aurait pu ajouter que la statisque de la folie constate la même infériorité. Ainsi donc morale, anatomie, physiologie, statistique sociale et histoire rivent pour toujours la femme à la servitude domestique.

II

Bachofen, Morgan et bien des anthropologistes ont revisé l'opinion des historiens et des philosophes sur le rôle de la femme dans le passé : ils ont montré que partout la famille paternelle, qui subordonne la femme à l'homme, avait été précédée par la famille maternelle, qui donne la première place à la femme. La langue grecque enregistre ses deux conditions : tandis que les Spartiates, chez qui persistaient des mœurs matriarcales, continuent à la nommer, ἡ δέσποινα, la maîtresse de la maison, la souveraine, les autres grecs appellent l'épouse, ἡ δαμαρ, la domptée, la vaincue. L'Odyssée, pour qualifier Nausicaa, dit qu'elle est παρθένος ἀδμης, la fille non domptée, c'est-à-dire sans époux, sans maître. L'expression française *le joug de l'hymen*, préserve l'idée antique.

Hésiode, contrairement à Homère, qui ne rapporte que des mœurs patriarcales, conserve de précieux souvenirs de la famille matriacale ; il nous dit que lorsqu'elle existait « l'homme, même âgé de cent ans, vivait auprès de la mère prudente, — Κέδνη — il était nourri dans sa maison, comme un grand enfant. » (*Travaux et jours*, v. 129-130.) Ce n'était pas la femme qui avait alors un « cerveau d'enfant » mais l'homme : tout semble en effet prouver que son intelligence fut la première à se développer. Cette supériorité intellectuelle fit qu'elle fut divinisée avant l'homme dans les religions primitives d'Égypte, des Indes, d'Asie et de Grèce et que les premières inventions des arts et des métiers, à l'exception du travail des métaux, furent attribuées à des déesses et non à des dieux. Les Muses, primitivement au nombre de trois étaient en Grèce, bien avant Apollon, les déesses de la poésie, de la musique et de la danse. Isis, « la mère des épis et la dame du pain » et Demeter, législatrice, avaient appris aux Égyptiens et aux Hellènes la culture de l'orge et du blé et leur avaient fait renoncer aux repas anthropophagiques. La femme apparaissait aux hommes pré-patriarcaux, ainsi qu'aux Germains que connut

Tacite, comme ayant en elle quelque chose de saint et de providentiel, *aliquid sanctum et providum* (*Mœurs des Germains* § VIII) sa prudence et sa prévoyance lui donnaient ce caractère divin. Doit-on conclure que cette supériorité intellectuelle, qui se manifeste alors que le milieu économique est rudimentaire, est un phénomène naturel ?

Mais en tous cas on peut affirmer que la vitalité de la femme est supérieure à celle de l'homme. Les compagnies d'assurances sur la vie des Etats-Unis, de l'Angleterre et de la Hollande, qui ne basent pas leurs calculs sur les billevesées scientifiques des Intellectuels, mais sur des tables de mortalité, servent à la femme une rente viagère inférieure à celle qu'elles donnent à l'homme, parce que ses probabilités de mort sont moindres. Voici comme exemple la rente viagère pour un capital de 1000 fr. servie par des compagnies américaine et hollandaise : (1)

Age	LA NEW-YORK		LA NÉERLANDAISE	
	Hommes	Femmes	Hommes	Femmes
	FR. C.	FR. C.	FR. C.	FR. C.
50 ans	76.47	69.57	76.80	73.60
60 ans	97.24	88.03	98.50	93.50
70 ans	134.31	122.48	142.00	136.70
80 ans	185.95	168.00	222.70	211.70

On peut objecter que l'homme menant une vie plus mouvementée est plus sujet aux accidents, aux maladies et autres causes de mort, et que par conséquent la durée prolongée de la vie de la femme ne

---

(1) Les compagnies françaises ne font pas de différences entre les sexes, parcequ'elles servent de très petites rentes. *La Générale*, la plus importante de France, donne pour 1000 fr. à 50 ans une rente viagère de 64 fr. 20 ; à 60 ans de 80 fr. 80 ; à 70 ans de 118 fr. 50 ; à 80 ans de 143 fr. 70. Aussi réalise-t-elle d'énormes bénéfices ; ses actions qui en 1819 valaient 750 fr. étaient cotées en janvier dernier 31.300 francs.

prouve pas la vitalité supérieure de son organisme, mais les avantages de son existence beaucoup moins accidentée.

La statistique démographique répond à cette objection. Il n'existe en aucun pays un parfait équilibre entre le nombre des femmes et celui des hommes : pour 1000 hommes il y a en Belgique 1005 femmes, en France 1014, en Angleterre 1062, en Ecosse 1071, en Norvège 1091. Cependant en ces pays à prédominance féminine il y a un excédent de naissances masculines : pour l'ensemble de l'Europe occidentale, il naît pour 1000 filles de 1040 à 1060 garçons. Si malgré cette plus considérable natalité masculine, il survit plus de filles, c'est que la plus grande mortalité des garçons rétablit la balance en faveur des filles ; et l'on ne peut expliquer cette plus forte mortalité par la vie plus accidentée des hommes, puisqu'elle se produit surtout pendant le bas âge, pendant les deux premières années notamment. Toutes les maladies de l'enfance, à l'exception de la diphtérie et de la coqueluche, exercent parmi les garçons des ravages sensiblement plus considérables que parmi les filles ; de zéro à cinq ans le sexe masculin est particulièrement frêle ; à tous les âges, sauf entre dix et quinze ans, la mortalité masculine l'emporte sur la mortalité féminine.

La vitalité supérieure du sexe féminin se fait aussi remarquer par sa plus grande facilité à reconstituer l'organisme malade. M. Iribe, directeur du Sanatorium de Hendaye, où sont envoyés des enfants parisiens de trois à quatorze ans, atteints d'anémie, de tuberculose au début, de scrofule et de rachitisme, constate qu'au moment de leur renvoi, au bout de six mois « les progrès en poids, taille et développement thoracique sont incomparablement plus élevés chez les filles que chez les garçons, » l'augmentation en poids est double et souvent plus.

La même constatation a été faite par d'autres directeurs de Sanatoria. (*Bulletin médical*, n° 81-1903.)

La femme possède incontestablement une plus grande vitalité que l'homme. M. Gustave Loisel « a recherché si cette différence existait dans la vie embryonnaire et quelle pouvait être sa cause. » Il a communiqué les résultats de ses recherches à la *Société biologique de Paris*, qui les a publiés dans son *Bulletin* du 6 novembre 1903.

M. Loisel s'est servi des 792 pesées et mensurations faites sur 72 fœtus à l'Hopital de la Maternité de Paris, par M. E. Legou ; (1) additionnant les poids moyens des fœtus de 3, 4, 5 et 6 mois il obtient les chiffres suivants :

	MALES	FEMELLES	DIFFÉRENCES		
	Grammes	Grammes	Grammes		
Poids total........	1908.18	1708.11	200.07	en faveur des mâles.	
Reins.............	16.87	17.19	0.32	—	femelles.
Capsules surrénales.	5.15	6.43	1.28	—	femelles.
Foie..............	88.35	96.31	7.96	—	femelles.
Rate..............	2.59	2.38	0.21	—	mâles.
Thymus...........	3.89	3.97	0.08	—	femelles.
Cœur.............	10.97	12.60	1.63	—	femelles.
Poumons..........	47.29	44.62	2.67	—	mâles.
Encéphale.........	236.94	235.17	1.77	—	mâles.

« Ces chiffres nous montrent donc déjà, dit M. Loisel, une prépondérance en faveur des femelles pour les reins, les capsules surrénales, le foie, le thymus et le cœur ; cette prédominance est d'autant plus marquée que le poids total du corps est plus grand chez le mâle que chez la femelle. »

Si maintenant on fait le rapport entre le poids total et le poids des organes plus lourds chez le

---

(1) E. LEGOU. *Quelques considérations sur le développement du fœtus*. Paris 1903. Les pesées et les mensurations de M. Legou sont faites dans un but de médecine légale.

mâle, on trouve que la proportion est encore en faveur de la femelle :

RAPPORT AU POIDS TOTAL

	Mâles	Femelles
De la rate	les 736e	les 718e
Des poumons	» 40e	» 38e
De l'encéphale	» 8e	» 7e

Les organes étudiés y compris l'encéphale, sont donc absolument ou relativement plus lourds chez les fœtus femelles que chez les fœtus mâles.

M. Loisel a recherché également le rapport des poids des différents organes au poids total d'après l'âge des fœtus ; il a dressé un tableau, dont je ne retiens que les chiffres concernant l'encéphale.

AGE	POIDS TOTAL		Rapport du poids de l'encéphale au poids total	
	Mâles (Grammes)	Femelles (Grammes)	Mâles	Femelles
3 mois	58.33	65.96	$\frac{1}{6.5}$	$\frac{1}{7}$
4 mois	167.25	182.58	$\frac{1}{7.3}$	$\frac{1}{6.6}$
5 mois	336.33	295.00	$\frac{1}{7.6}$	$\frac{1}{7.5}$
6 mois	732.50	636.00	$\frac{1}{8.3}$	$\frac{1}{7.3}$

Le poids du fœtus mâle inférieur à celui du fœtus femelle, à trois mois, alors que le sexe vient de se déterminer, croit plus rapidement et les rapports entre le poids de l'encéphale et le poids total est toujours à l'avantage des femelles, à partir du quatrième mois.

« En résumé, dit M. Loisel, tous les organes sont plus lourds dans les fœtus femelles, que dans le fœtus mâle jusque vers le quatrième mois. La prédominance passe ensuite au mâle, mais seulement pour les poumons et les organes de la vie de relation, proprement dite, ainsi le muscle cardiaque reste toujours plus lourd chez les femelles. Les organes qui servent réellement à l'individu pendant la vie embryonnaire restent toujours plus développés dans le sexe femelle.

« Si l'on considère maintenant que les différences en faveur des femelles sont surtout pour le foie, le cœur, les capsules surrénales, et les reins, on tirera cette conclusion que la vitalité plus grande des organismes femelles tient à ce qu'ils sont mieux nourris et mieux épurés. » (1)

III

L'organisation supérieure que possède, en naissant, la femme et qui lui assure durant l'existence une plus grande vitalité, est probablement exigée par le rôle qu'elle remplit dans la reproduction de l'espèce, rôle autrement prolongé et épuisant que celui de l'homme qui, la fécondation accomplie, n'a plus à s'en mêler, tandis qu'alors le travail de la femme commence, pour se continuer pendant de longs mois durant la gestation et après l'accouchement. Les sauvagesses allaitent les enfants pendant deux ans et plus. Il arrive que parfois le mâle paie cher son inutilité : après l'accouplement les abeilles tuent les mâles et l'araignée mâle doit s'empresser de déguerpir pour n'être pas dévorée par la femelle plus grosse et plus forte ; aux Sakaies, la fête annuelle de Mylita Anaïtis, on immolait à Babylone

---

(1) Les dernières observations sur les fourmis et les abeilles tendent à démontrer que les œufs fécondés donneraient naissance à des femelles et à des ouvrières ; et les non fécondés à des mâles, qui par conséquent naîtraient d'œufs moins compléxes.

le bel esclave, qui venait de s'unir avec la prêtresse, incarnant la déesse Assyrienne. Cette sanglante cérémonie religieuse devait être la reproduction d'une coutume Amazonienne.

La vie sauvage et barbare permet à la femme de conserver et de développer sa supériorité intellectuelle de naissance : chaque sexe y a sa fonction spéciale ; c'est la division du travail qui débute. L'homme dont le système osseux et musculaire est plus puissant, « se bat, chasse, pêche et s'assied » dit l'indigène d'Australie, qui considère que le reste est du ressort de la femme, dont la fonction met plutôt en jeu l'activité cérébrale. Elle a charge de la maison commune qui souvent abrite un clan de plus de cent individus ; elle prépare les vêtements de peaux et d'autres matières premières ; elle s'occupe de la culture du jardin, de l'élevage des animaux domestiques et de la confection des ustensiles de ménage ; elle conserve, économise, administre, cuisine et distribue les provisions végétales et animales amassées dans le cours de l'année ; et ainsi que les Valkyries des Scandinaves et les Kéres des grecs pré-homériques, elle accompagne le guerrier sur le champ de bataille, l'aide dans la mêlée, le relève s'il est blessé et le soigne ; son concours est si apprécié, que d'après Tacite, les barbares, qui sous la conduite de Civilis se révoltèrent contre Vospasion, prenaient en pitié les soldats romains, parce que leurs femmes ne les accompagnaient pas quand ils marchaient au combat et que Platon, qui, ainsi que les initiés d'élite aux Mystères d'Eleusis, était plus instruit des mœurs primitives qu'on ne pense, fait les femmes assister aux batailles des guerriers de sa *République*.

Ces multiples et diverses fonctions, qui obligent la femme à réfléchir, calculer, songer au lendemain et prévoir à longue échéance, devaient nécessairement développer ses facultés intellectuelles ; aussi les craniologistes ne constatent qu'une faible différence entre la capacité cranienne des deux sexes, chez les nègres, les australiens et les peaux rouges tandis qu'ils trouvent qu'elle va en s'augmentant chez les peuples civilisés. La femme est pour le sauvage insouciant et imprévoyant, une providence ; elle est l'être prudent et prévoyant qui préside à ses destinées de la naissance à la mort. L'homme, fabriquant ses religions avec les événements et les acquisitions intellectuelles de sa vie quotidienne, devait donc commencer par déifier la femme : Les grecs et les romains préhistoriques avaient placé leurs destinées sous le contrôle de déesses, les Moires et les Parques, — Μοῖραι, *Parcæ*, — dont le nom signifie dans la langue latine épargneuse, économe et dans la langue grecque la part qui échoit à chacun dans une distribution de vivres et de butin.

Si on débarrasse la riche et poétique mythologie grecque des élucubrations symboliques, allégoriques, mystiques etc... dont les philosophes et les poètes de l'époque classique et de la période Alexandrine l'ont surchargée et embrouillée et que les mythologues d'Allemagne, platement copiés par ceux de France et d'Angleterre, ont porté à leur plus parfaite confusion, elle devient un inappréciable reliquaire de coutumes préhistoriques, qui préserve le souvenir de mœurs que les voyageurs et les anthropologistes voient revivre chez les nations sauvages et barbares de l'Afrique et du Nouveau Monde. La légende mythologique nous fournit des renseignements sur la valeur relative de l'intelligence féminine et masculine chez les Hellenes, avant qu'ils fussent entrés dans la période patriarcale.

Jupiter, le « dieu des pères » comme l'appellent Homère, Hésiode et Eschyle, après avoir chassé de l'Olympe les divinités féminines, y intronisa le patriarcat, qui depuis quelques générations avait été établi sur terre : le ciel religieux reflète toujours les mœurs terrestres, comme la lune réfléchit la lumière du soleil. Mais Jupiter, qui ainsi que tout barbare, savait se servir de ses poings, (*Illiade* XV 228), qui se vante d'être le plus fort des dieux et qui pour les dompter avait à côté de son trône deux serviteurs, la Force et la Violence toujours prêts à obéir à ses ordres, était peu préparé par ses qualités intellectulles pour remplacer la femme dans le gouvernement de la famille olympienne ; afin de suppléer aux capacités qui lui faisaient défaut, Hésiode raconte qu'il épousa Metis, « la plus sage des hommes et des dieux ». Le sauvage et le barbare, pour s'incorporer le courage d'un ennemi, dévorent son cœur pantelant ; Jupiter avala Métis pour s'assimiler sa ruse, sa prudence et sa sagesse, car son nom possède ces diverses significations dans la langue grecque ; ces qualités étaient considérées l'apanage de la femme.

Mais l'assimilation prit du temps à se faire, si l'on en juge par la mauvaise farce que lui joua Prométhée : il tua et dépeça un bœuf énorme ; dans un tas il plaça les chairs, qu'il recouvrit de la peau, sur laquelle il déposa les entrailles ; dans un autre tas il mit les os décharnés qu'il cacha adroitement sous des paquets de graisse. — « Tu as fait bien mal les parts » lui dit le Père des dieux et des hommes. — « Très glorieux Jupiter, le plus grand des dieux vivants, prends la part que ta sagesse te conseillera de choisir » répliqua l'astucieux Prométhée. Le maître des cieux, n'écoutant que sa gloutonnerie, souleva à deux mains le paquet de graisse au milieu

des rires des Olympiens ; il entra dans une terrible colère quand il vit les os dénudés. (*Théogonie* 535 et sq.) Une telle farce ne s'est jouée dans le ciel Olympique que parce que sur terre on dut recourir à de semblables épreuves, afin de prouver au Père que ses facultés intellectuelles ne l'autorisaient pas à se substituer à la Mère dans la direction de la famille et la gestion de ses biens.

La position supérieure dans la famille et la société, que l'homme conquit par la force brutale, en même temps qu'elle l'obligea à une activité cérébrale, à laquelle il était peu accoutumé, mit à sa disposition des moyens de développement intellectuel, sans cesse croissants. La femme *domptée* selon l'expression grecque, enfermée dans le cercle étroit de la famille, dont la direction lui était enlevée, et n'ayant que peu ou point de contact avec le monde extérieur, voyait au contraire se réduire à presque rien les moyens de développement dont elle avait joui et pour compléter son asservissement on lui interdisait la culture intellectuelle donnée à l'homme. Si en dépit de ces entraves et de ces désavantages, dont il est impossible d'exagérer les désastreux effets, le cerveau féminin a continué à évoluer, c'est que l'intelligence de la femme a bénéficié des progrès réalisés par le cerveau masculin ; car un sexe transmet à l'autre les qualités qu'il a acquises ; ainsi les poules de certaines races héritent des ergots très développés chez les coqs, dans d'autres races elles transmettent aux males leurs crêtes exagérées. « Il est heureux, dit à ce propos Darwin, que l'égale transmission des caractères des deux sexes, ait été une règle générale dans toutes la série des mammifères, autrement il est probable que l'homme serait devenu aussi supérieur à la femme en puissance intellectuelle, que le paon l'est à sa femelle en plumage ornemental ». (Descent of man — *Sexual selection.* viii et xix.)

Mais les défauts aussi bien que les qualités se transmettent d'un sexe à l'autre : si la femme a bénéficié du progrès cérébral de l'homme, celui-ci à son tour a été retardé dans son développement par le ralentissement du dévelopment du cerveau de la femme, produit par la réduction au plus petit minimum d'activité intellectuelle, à laquelle il l'a condamnée. Les éleveurs qui recherchent des produits de premier choix sont aussi soucieux d'avoir des femelles que des mâles irréprochables ; les amateurs de combat de coqs attachent autant d'importance à la sélection des poules qu'à celle des coqs, ils ne reproduisent que de celles qui sont armées d'ergots et qui ont l'humeur batailleuse. On peut dire que l'humanité depuis qu'elle est sortie du communisme du clan pour vivre sous le régime de la propriété privée, ne s'est développée que par les efforts d'un seul sexe et que son évolution a été ralentie par les retards apportés par l'autre sexe. L'homme en privant systématiquement la femme des moyens de développement matériel et intellectuel, en a fait une force ralentissante du progrès humain.

En effet si on étudie et compare les différentes périodes de la sauvagerie et de la barbarie, on ne peut s'empêcher de constater de continus et remarquables progrès de la mentalité humaine, parce que femmes et hommes exerçant librement leurs facultés corporelles et intellectuelles concourent également à l'évolution de l'espèce ; laquelle se ralentit dès que l'humanité entre dans la période de la civilisation et de la propriété privée, parce que alors la femme, gênée et entravée dans son développement, ne peut y contribuer d'une manière aussi efficace. L'immobilité sénile dans laquelle végète la Chine depuis plus d'un millier d'années ne peut être attribuée qu'à la dégradation de la femme, à qui on a été jusqu'à mutiler cruellement les pieds afin de l'emprisonner plus étroitement dans le gynécée. L'Europe, elle aussi, souffre de l'infériorisation de la femme, puisque malgré les extraordinaires progrès matériels de ces deux mille dernières années et la croissante et non moins extraordinaire accumulation de connaissances scientifiques, on ne saurait prétendre que le cerveau du civilisé moderne dépasse en puissance et en capacité celui des grecs de l'époque classique, qui s'étend du septième au quatrième siècle avant l'ère chrétienne. Il est certain qu'un Victor Hugo, un Zola, un bachelier ou un docteur quelconque, ont emmagasiné dans leur cervelle une abondance de notions positives et diverses que ne possédaient pas Eschyle, Anaxagoras, Protagoras et Aristote, mais cela ne prouve pas que leur imagination et leur intelligence, ainsi que celles de leurs contemporains, soient plus riches, plus variées et plus vastes que celles des générations de l'Ionie et de l'Attique, qui furent les ouvriers de cette incomparable éclosion et floraison de sciences, de philosophies, de littérature et d'arts, la merveille de l'histoire et qui se livrèrent à cette débauche d'esprit subtil et paradoxal de la philosophie sophistique, dont on n'a pas revue la pareille. Les sophistes — Protagoras, Gorgias, Socrate, Platon etc. — posèrent discutèrent et résolurent les problèmes de la philosophie spiritualiste et bien d'autres encore : cependant les Hellènes d'Asie-mineure et de Grèce sortaient de la barbarie à peine depuis quelques siècles. On peut invoquer de nombreuses raisons pour expliquer cet arrêt du développement humain, mais la principale est l'asservissement de la femme.

IV

La production capitaliste qui se charge de la plupart des travaux auxquels se consacrait la femme dans la maison familiale, a incorporé dans son armée de salariés de la fabrique, du magasin, du bureau et de l'enseignement les femmes et les filles de la classe ouvrière et de la petite bourgeoisie, afin de se procurer du travail à bon marché. Son pressant besoin de capacités intellectuelles, a fait mettre de côté le vénérable et vénéré axiome de la morale masculine : *lire, écrire et compter doit être tout le savoir de la femme* ; il a exigé qu'on enseignât aux filles comme aux garçons, les rudiments des sciences. Le premier pas était fait ; on ne put leur interdire l'entrée des Universités. Elles prouvèrent que le cerveau féminin, que les Intellectuels avaient déclaré « un cerveau d'enfant », était aussi capable que le cerveau masculin de recevoir tout l'enseignement scientifique. Les sciences abstraites (mathématique, géométrie, mécanique, etc.) les premières dont l'étude avait été accessible aux femmes, furent aussi les premières où elles purent donner la mesure de leurs capacités intellectuelles ; elles s'attaquent maintenant aux sciences expérimentales, (physiologie, physique, chimie, mécanique appliquée etc.) et en Amérique et en Europe surgit une légion de femmes qui marchent de pair avec les hommes, malgré l'infériorité des conditions de développement physique et moral dans lesquelles elles vivent dès la première enfance.

Le Capitalisme n'a pas arraché la femme au foyer domestique et ne l'a pas lancé dans la production sociale pour l'émanciper, mais pour l'exploiter encore plus férocement que l'homme ; aussi s'est-on bien gardé de renverser les barrières économiques, juridiques, politiques et morales, qu'on avait dressé pour la cloitrer dans la demeure maritale. La femme, exploitée par le Capital, supporte les misères du travailleur libre et porte en plus ses chaines du passé. Sa misère économique est aggravée ; au lieu d'être nourrie par le père ou le mari, dont elle continue à subir la loi, elle doit gagner ses moyens d'existence ; et sous prétexte qu'elle a moins de besoins que l'homme, son travail est moins rémunéré ; et quand son travail quotidien dans l'atelier, le bureau ou l'école est terminé, son travail dans le ménage commence. La maternité, le travail sacré, la plus haute des fonctions sociales, devient dans la société capitaliste une cause d'horribles misères économiques et physiologiques. L'intolérable condition de la femme est un danger pour la reproduction de l'espèce.

Mais cette écrasante et douloureuse situation annonce la fin de sa servitude, qui commence avec la constitution de la propriété privée et qui ne peut prendre fin qu'avec son abolition. L'humanité civilisée, sous la pression du mode mécanique de production, s'oriente vers une société, basée sur la propriété commune, dans laquelle la femme, délivrée des chaines économiques, juridiques et morales qui la ligotent, pourra développer librement ses facultés physiques et intellectuelles, comme au temps du communisme des sauvages.

Les sauvages, pour interdire la promiscuité primitive et restreindre successivement le cercle des relations sexuelles, n'ont trouvé d'autre moyen que de séparer les sexes ; l'on a des raisons pour supposer que ce furent les femmes qui prirent l'initiative de cette séparation, que la spécialisation des fonctions consolida et accentua. Elle se manifesta socialement par des cérémonies religieuses et des langues secrètes particulières à chaque sexe et même par des luttes : (1) et après avoir pris un caractère de violent antagonisme, elle aboutit au brutal asservissement de la femme, lequel subsiste encore, bien qu'il aille en s'atténuant à mesure que se généralise et s'accentue sur le terrain économique l'antagonisme des deux sexes. Mais l'antagonisme moderne n'aboutira pas à la victoire d'un sexe sur l'autre, car il est un des phénomènes de la lutte du Travail contre le Capital, qui trouvera sa solution par l'émancipation de la classe ouvrière dans laquelle les femmes comme les hommes sont incorporés.

La technique de la production qui tend à supprimer la spécialisation des métiers et des fonctions et à remplacer l'effort musculaire par l'attention et l'habileté intellectuelle et qui, plus elle se perfectionne, plus elle mêle et confond la femme et l'homme dans le travail social, empêchera le retour des conditions, qui chez les nations sauvages et barbares avaient maintenu la séparation des sexes. La propriété commune fera disparaître l'antagonisme économique de la civilisation.

Mais s'il est possible d'entrevoir la fin de la servitude féminine et de l'antagonisme des sexes et de concevoir pour l'espèce humaine une ère d'incomparable progrès corporel et intellectuel, alors qu'elle sera reproduite par des femmes et des

---

(1) A. W. Howit, qui a observé chez les Australiens une espèce de totemisme sexuel, dit qu'il arrive souvent que les femmes et les hommes d'un même clan se battent, quand l'animal qui sert de totem à un sexe est tué par une personne de l'autre sexe.

hommes d'une haute culture musculaire et cérébrale, il est impossible de prévoir les rapports sexuels de femmes et d'hommes libres et égaux, qui ne seront pas réunis ou séparés par de sordides intérêts matériels et par la grossière morale qu'ils ont engendrée. Mais si l'on juge d'après le présent et le passé, les hommes, chez qui la passion génésique est plus violente et plus continue que chez les femmes, — le même phénomène s'observe chez les mâles et les femelles de toute la série animale, — seront obligés de faire la roue et d'exhiber toutes leurs qualités physiques et intellectuelles pour conquérir des amoureuses. La sélection sexuelle, qui, ainsi que l'a démontré Darwin, remplit un rôle important dans le développement des espèces animales, mais qui, sauf de rares exceptions, a cessé de le jouer dans les races Indo-Européennes depuis environ trois mille ans, redeviendra un des plus énergiques facteurs du perfectionnement humain.

La maternité et l'amour permettront à la femme de reconquérir la position supérieure qu'elle occupait dans les sociétés primitives, dont le souvenir a été conservé par les légendes et les mythes des antiques religions.

Saint-Amand (Cher). — Imp. Em. PIVOTEAU et Fils

LE SOCIALISTE

PARIS — 16, Rue de la Corderie, 16 — PARIS

Paraissant tous les Samedis

Organe central du Parti Socialiste de France

———

Abonnements { FRANCE : Un an, **6 fr** ; six mois, **3 fr**.
ETRANGER : **8 fr**.

L'ŒUVRE NOUVELLE

PARIS — 16, Rue Gay-Lussac, 16 — PARIS

Revue Mensuelle

———

DIRECTEUR : H. DAGAN

———

Abonnements { FRANCE : **5 fr**.
UNION POSTALE : **6 fr**.

www.ingramcontent.com/pod-product-compliance
Lightning Source LLC
Chambersburg PA
CBHW060629050426
42451CB00012B/2497